Josef Bill

Und er stellte ein Kind in die Mitte

Der Lebenskompass Jesu

Ignatianische Impulse
Herausgegeben von Stefan Kiechle SJ, Willi Lambert SJ
und Martin Müller SJ
Band 63

Ignatianische Impulse gründen in der Spiritualität des Ignatius von Loyola. Diese wird heute von vielen Menschen neu entdeckt.

Ignatianische Impulse greifen aktuelle und existentielle Fragen wie auch umstrittene Themen auf. Weltoffen und konkret, lebensnah und nach vorne gerichtet, gut lesbar und persönlich anregend sprechen sie suchende Menschen an und helfen ihnen, das alltägliche Leben spirituell zu deuten und zu gestalten.

Ignatianische Impulse werden begleitet durch den Jesuitenorden, der von Ignatius gegründet wurde. Ihre Themen orientieren sich an dem, was Jesuiten heute als ihre Leitlinien gewählt haben: Christlicher Glaube – soziale Gerechtigkeit – interreligiöser Dialog – moderne Kultur.

Josef Bill

Und er stellte ein Kind in die Mitte

Der Lebenskompass Jesu

echter

Bibliografische Information der Deutschen Nationalbibliothek

Die Deutsche Nationalbibliothek verzeichnet diese Publikation in der Deutschen Nationalbibliografie; detaillierte bibliografische Daten sind im Internet über <http://dnb.d-nb.de> abrufbar.

www.echter-verlag.de
Umschlag: Peter Hellmund
Druck und Bindung: fgb · freiburger graphische betriebe
ISBN
978-3-429-03645-4 (Print)
978-3-429-04729-0 (PDF)
978-3-429-06143-2 (ePub)

Inhalt

Vorwort

»Klein sein« oder gar »sich klein machen« klingt heute nicht attraktiv und modern – eigentlich war es noch nie der Fall. Eine erste Ideensammlung zum Thema geistlicher »Kind-Werdung« war so überschrieben: »Gott hat sich klein gemacht«. Wer sich heute klein macht, gerät rasch in Verdacht, an Minderwertigkeitsgefühlen zu leiden, kein Selbstbewusstsein zu besitzen oder von Unterwürfigkeit geprägt zu sein. Von solchem »Sich klein-Machen« ist hier nicht die Rede. Im Evangelium ist, im unverzichtbaren Zusammenhang mit der Menschwerdung Jesu, die Rede vom Geheimnis des Kind-Seins Jesu. Und Jesus selber als »erwachsenes Kind« stellt einmal ein Kind in die Mitte, und dies als Antwort auf die Frage, was der Weg ins Reich Gottes und zu unvergänglicher Lebendigkeit sei. Und unmissverständlich heißt es: »Wenn ihr euch nicht bekehrt und nicht werdet wie die Kinder, werdet ihr nicht in das Himmelreich eingehen« (Mt 18,3–5; Mk 9,33–37; Lk 9,46–48). Gibt es eine Religion, die dem Kindsein eine solche lebenstragende, existentielle und zentrale Rolle zuweist, darf mit Recht gefragt werden.

Die Kind-Worte biblischer Wegweisung legen natürlich die Frage nahe, was denn Kindsein im Sinne Jesu bedeutet, aber auch nach dem Kind, den Kindern heute. Stehen sie in der Mitte oder doch sehr am Rande? Können sie wegweisend sein für menschliches Leben? Eine Antwort im Stil von Zeitungsüberschriften würde wohl ungefähr so lauten: Geburtenrate in Deutschland beängstigend niedrig – Betreuungsgeld

und zu wenig Kindertagesstätten – China: Besuchspflicht für Kinder bei ihren Eltern in Altersheimen – Menschheit wächst um ca. 80 Millionen pro Jahr – Kinder zu Kindersoldaten gedrillt – Missbrauchte Kinder – Kinder in diese Welt setzen – und sie ihr damit aussetzen? – Kinderhilfswerke …
Und dann doch immer auch Eltern, welche die Geburt von Kindern ersehnen, nicht nur aus Gründen der Alterssicherung; und dann doch das Kind als Zeichen für neues Leben, für Zukunft, für Ursprünglichkeit, für Natürlichkeit, für strahlende Augen; und doch das Kind als eines der größten Glücksmomente im Leben und als Urbild des Menschen im Menschen; und schließlich: Alle, die dankbar sind für das unfassbare Geheimnis und Abenteuer ihres eigenen Lebens – sie alle sind einmal Kind gewesen und wohl auch in einem tiefen Sinn geblieben. Sie sind herangewachsen zu »Söhnen und Töchtern« des einen und einzigen Gottes – so die Verkündigung Jesu. So sind sie alle untereinander Brüder und Schwestern.
Kinder können nur in Beziehung zu Eltern, Erwachsenen oder anderen Menschen ihr Leben leben. Aber vielleicht ist gerade dies ihre wichtigste Botschaft: Leben heißt, in Beziehung zu leben; »alles wirkliche Leben ist Begegnung« (Martin Buber). Und Leben heißt, im Leben Leben zu lernen. »Erwachsen-Werden und Kind-Bleiben« ist im Evangelium ein entscheidendes Ziel aller Nachfolge auf dem Weg mit Jesus. Jünger zu sein heißt, lebenslang ein Lernender zu sein und in diesem Sinne Kind.
Es scheint, dass gerade dieser Aspekt in geistlichen Besinnungstexten, auch in Exerzitientagen, in Zeiten des geistlichen Übens, nicht selten zu kurz kommt. Der frühere Generalobere der Gesellschaft Jesu, Pater Peter

Hans Kolvenbach, machte vor einiger Zeit in einem nachdenklich machenden Artikel auf dieses Defizit aufmerksam: »Verbergt nicht das verborgene Leben Jesu!« Andernfalls würde Wesentliches der Botschaft Jesu und seines eigenen Bewusstseins in seiner Beziehung zu Gott als »Abba«, als seinem und unserem Vater, aus dem Blick geraten.

Die Überlegungen dieses Buches möchten für das eigene Glaubensbewusstsein und Gebetsleben behilflich sein. Sie können und wollen aber auch durch ihre Einsichten, Impulse und Fragen für die Exerzitien des hl. Ignatius von Loyola anregend wirken – sowohl für diejenigen, die den Exerzitienweg gehen, wie auch für jene, die andere dabei begleiten.

I. Erste Schritte – Gedanken zu einem Gemälde von Vincent van Gogh*

Ein in leuchtenden Farben gemaltes Bild, eine junge Familie, eine ländliche Idylle. In einem umfriedeten Garten hinter dem Wohnhaus ist eine junge Frau mit ihrem Kleinkind gerade durch das Gatter getreten, führt das Kind dem überrascht-beglückten Vater entgegen.

Ein erster Eindruck, den man haben kann: ein Kind, das nur kleine, sehr kleine Schritte tun kann; ein Kind, von der Mutter geführt, vom Vater freudig erwartet. Überall hilfreiche und sprechende Hände! Auch das Kind streckt seine kleinen Hände aus, sieht den Vater – und kann plötzlich nur noch eines: in dessen ausgebreitete und einladende Hände hineinlaufen.

Vieles ist hier angedeutet: Nähe suchen – Geborgenheit erfahren – willkommen geheißen werden – gehalten sein – kleine Schritte tun auf jemanden zu, der uns erwartet. Die Eltern haben und nehmen sich Zeit. Wichtige Zeit. Weil es das Kind gibt, weil ein Kind Zeit braucht. Der Vater hat seine Schaufel beiseitegelegt, ist in die Hocke gegangen und hat sich für das kleine Kind klein gemacht. Vielleicht hört das Kind zum ersten Mal den Lockruf »Komm!«. Vielleicht helfen die Hände der jungen Mutter dem Kind zu begreifen, was ihm ermunternd gesagt wird. »Geh!« Und so geschieht es: Das Kind macht erste Schritte. Es »weiß« nicht, dass es Schritte macht, aber es sieht und erlebt Arme, die es willkommen heißen. Im Vertrauen

* Siehe beiliegende Karte

auf diese einladenden Arme kann das Kind etwas, was es vorher nicht konnte: Schritte tun, weil es erwartet ist. Es beginnt auf ein »Du« zuzugehen, das es unendlich gut mit ihm meint.

Ein Familien-Idyll? Ja, vielleicht – aber vielleicht auch mehr. Nicht zufällig spielen in dem Bild, das van Gogh »Erste Schritte« genannt hat, Arme und Hände der Eltern eine entscheidende Rolle: die weit ausgebreiteten Arme des Vaters, die Stütze und Halt gebenden Hände der Mutter, die das Kind zwar führen, ihm aber gleichzeitig zutrauen, die wichtige Freiheit für die ersten eigenen Schritte auszuprobieren. Halt geben – und doch die selbst gewählten Schritte ermöglichen helfen.

Das Kind selbst: In einem noch ungebrochenen Vertrauen ahnt der kleine Mensch, dass da jemand ist, dem er sich überlassen kann. Und das genügt, um aufzubrechen, sich anzuvertrauen, ja sich auszuliefern.

Es bedarf nur eines aufmerksamen Blickes in die Bibel, um dort an unzähligen Stellen, in ganz verschiedenen Situationen, so z.B. in vielen Psalmen, die starken Hände eines Vaters und die beschützend-sorgenden Hände der Mutter gleichnishaft für die Liebe Gottes zu uns Menschen zu entdecken. Ohne diese Hände gäbe es keine Schritte; alle Versuche aufzubrechen würden rasch in Stürzen enden. Doch so bleibt der Mensch gehalten und geführt, er bleibt eingeladen zu einem Ziel, das ihm Zuflucht und Zärtlichkeit für ein ganzes Leben schenken will: »Kann denn eine Frau ihr Kindlein vergessen, eine Mutter ihren leiblichen Sohn? Und selbst wenn sie ihn vergessen würde: ich vergesse dich nicht. Sieh her: Ich habe dich eingezeichnet in meine Hände« (Jes 49,15–16).

In einem Gedicht-Text hat der evangelische Pfarrer und Schriftsteller Albrecht Goes eine ähnliche Erfahrung im Umgang mit den eigenen Kindern beschrieben, wie sie Vincent van Gogh uns in seinem Bild vermittelt hat. Es heißt: Die Schritte.[1]

Die Schritte

Klein ist, mein Kind, dein erster Schritt,
Klein wird dein letzter sein.
Den ersten gehn Vater und Mutter mit,
Den letzten gehst du allein.

Seis um ein Jahr, dann gehst du, Kind,
Viel Schritte unbewacht,
Wer weiß, was das dann für Schritte sind
Im Licht und in der Nacht?

Geh kühnen Schritt, tu tapfren Tritt,
Groß ist die Welt und dein.
Wir werden, mein Kind, nach dem letzten Schritt
Wieder beisammen sein.

Albrecht Goes

II. Kind-Sein – elementare Wirklichkeit des Menschseins

»Mensch werden heißt Kind werden. Seit Adam und Eva gibt es keine Ausnahme davon.« So beginnt ein Text des verstorbenen Bischofs von Aachen, Klaus Hemmerle, in dem er darüber nachdenkt, was wohl als menschliche »Grundbedingung« unverzichtbar zu unserem Menschsein gehöre. Bischof Hemmerle sagt dann: »Der Weg zum Menschen führt über das Kind. Es ist Gottes eigener Weg. Gott Sohn ist Mensch geworden, indem er Kind wurde.«

In diesem Band geht es um das »Kind- und Jünger-Sein vor Gott« im Geist der ignatianischen Exerzitien. Natürlich unlösbar rückgebunden an das Wort der Heiligen Schrift, an die Kindheitsberichte in den Evangelien. Fragen wir uns mithin zu Beginn, was denn das Ursprünglichste sein könnte, was eine Botschaft vom Kind-Sein ausdrücken will.

Was Bischof Hemmerle in seiner unnachahmlichen Art so knapp ausdrückt, können wir auch in der Spiritualität der Exerzitien entdecken: dass gerade die »Geistlichen Übungen« des Ignatius viele Impulse enthalten, die ein geistliches Leben – eben im Sinne des »Kind-Seins« und des »Kind-Werdens« – befruchten können.

Ein Kind ist ein »anfangendes Wesen«. Es ist bedürftig und verlangend danach, dass man es nicht übersieht. Die Bedürftigkeit besteht wesentlich darin, dass ein Kind diese seine Bedürftigkeit selbst gar nicht differenziert direkt ausdrücken kann und sie trotzdem – oder gerade deswegen – da ist. Ja unübersehbar »da« ist. Die

Bedürftigkeit eines Kindes ist etwas ganz Elementares seines Kleinseins. In seinem Schreien bekommt dies dann ja auch einen unüberhörbaren Ausdruck, der sich schrittweise sprachlich ausdrücken lernt. Immer aber lebt die Bedürftigkeit davon, einverstanden zu sein, sich helfen zu lassen und Abhängigkeit zu akzeptieren. Das ist es, was wohl ganz ursprünglich schon zum Mensch-Sein gehört: sein »Kind-Sein«: Ein Kind kann nur aus Beziehungen und in Beziehungen leben. Sein »Existenzial« besteht darin, dass es durch sein Existieren die Eltern – als Erzeuger und Ernährer – daran erinnert und ihnen bewusst macht, dass sie Leben zeugen und pflegen können. Jedes Weinen, jedes Schreien, jedes Augenöffnen will den Eltern nur eines signalisieren: »Ich bin da! Helft mir, ich brauche euch! Helft mir, dass ich mich finde! Dann helfe ich euch zu entdecken, was es bedeutet, Eltern zu sein.«
Kinder sind »fertige«, vollständige, richtige Menschen – und doch sind sie in einem bestimmten Sinne »unfertig«: Sie müssen immerfort lernen. Lernen, wie man sich bewegt, wie man steht und geht, wie man sich anpassen muss, wie man sich sprachlich ausdrücken kann, warum manches gut ist, vieles aber auch hinderlich, nachteilig, ja auch schädlich. Mit dieser »Unfertigkeit« und Lernwilligkeit eng verknüpft, hängt sicherlich auch die Verletzlichkeit des Kindes zusammen. In vielerlei Hinsicht ist das Kind ein Lehrling – und bleibt es lange Jahre. Und doch äußert sich ein Kind, sobald es entdeckt und weiß, wie man mit etwas umgeht: »auch machen«, »selber machen«, »allein machen«. Dann irgendwann – alle Erwachsenen wissen das! – fängt das Kind an, sich nicht nur bei seinem Namen nennen zu lassen, sondern es lernt auch, »ich« zu sagen.
Alles, was ein Kind, gerade in den Anfängen seines

jungen Lebens, mit-teilt und äußert, hat in auffälliger Weise etwas Ursprüngliches, Direktes, sehr Spontanes. Es ist nicht reflektiert, sondern einfach etwas Unmittelbares. Auch später, wenn das Kind anfängt, Worte zu gebrauchen, bleibt dieses Unmittelbare und Nicht-Reflektierte lange erhalten. Eltern sind dann oft überrascht von der Direktheit, in der ein Kind sich mitteilt; sie erleben in diesem Sich-Mitteilen des Kindes auch dessen Glücklichsein. Die Direktheit eines Kindes besitzt etwas Einzigartiges, sie »hat« etwas, was unvergleichbar ist. Wenn jemand diese Direktheit und Unmittelbarkeit bewusst stört, zerstört er etwas Kostbares. Gerade hierin ist ein Kind verletzbar.

III. Erstauntsein und Erschrecken

Ein Ursprung von Gotteserfahrung, mitten in der Wahrnehmung von Wirklichkeit, liegt darin, staunen zu können über diese Wirklichkeit. Kinder können *noch* staunen. Erwachsene können es oft nicht mehr, sie haben es verlernt. Staunen können ist eine Begabung, die in ganz besonderer Weise Kindern geschenkt ist. Sie erleben plötzlich Neues, sind überrascht, bleiben irgendwo wie angewurzelt stehen und machen Halt vor dem, was sich ihnen zeigt und mitteilt. Sie schauen mit »hungrigen« Augen, haben dann oft keine Worte mehr, um das zu benennen, was in ihnen vor sich geht.

Es gibt dieses Staunen nicht nur bei Kindern, aber bei ihnen erleben wir es ungetrübt, bei ihnen ist es noch nicht verloren gegangen durch langes Reflektieren, es hat etwas Ursprüngliches, etwas Spontanes behalten. Bei Erwachsenen lässt sich etwas Ähnliches erleben bei denen, die sich das »Kind-Bleiben« bewahrt haben. Bei ihnen kann man den Eindruck gewinnen, für sie sei ein intellektuelles Begreifen keineswegs das Letzte in ihrem Verstehen, es gebe auch nach wie vor »das Kind in uns«, etwas, was in uns mit einem Geheimnis zusammenhängt, das größer ist als wir selbst.

In vielen Situationen der Heiligen Schrift, zumal in der Schilderung des Lebens Jesu, wird uns immer wieder von einem Staunen oder einem staunenden Erschrecken berichtet, bei dem die Betroffenen kaum Worte finden, um ihre Überraschung auszudrücken. Das Erlebte ist offensichtlich so groß und gewaltig, dass es sich einer Formulierung entzieht, dass es die Menschen sprachlos macht. So heißt es schon bei Jesaja (52,15): »Jetzt aber setzt er viele Völker in Staunen ..., denn was man ihnen noch nie erzählt hat, das sehen sie nun.« Und beim Propheten Habakuk heißt es: »Seht auf die Völker, schaut hin, staunt und erstarrt« (Hab 1,5). Und dann natürlich wird uns an vielen Stellen des Neuen Testamentes, ganz besonders im Lukas-Evangelium, vom Erstaunen und Erschrecken vieler Menschen in der Begegnung mit Jesus berichtet. So heißt es von einer Kindheits-Erfahrung, die die Eltern Jesu mit ihrem heranwachsenden Sohn machen mussten: »Sein Vater und seine Mutter staunten über die Worte, die über Jesus gesagt wurden« (Lk 2,33), oder wenig später: »Seine (Jesu) Rede fand bei allen Beifall; sie staunten darüber, wie begnadet er redete, und sagten: Ist das nicht der Sohn Josefs?« (Lk 4,22).

Das Staunen-Können im Neuen Testament (im Griechischen mit thaumázein wiedergegeben) meint ein Hochschätzen bzw. Verehren von Personen oder Wirklichkeiten, dann auch ein verwundertes Fragen, eine Unfähigkeit, etwas begreifen oder verstehen zu können. Dieses verwunderte Fragen begegnet uns gewissermaßen auf Schritt und Tritt in der Jüngerwirklichkeit: Sie sind »erstaunt und erschrocken, weil sie so viele Fische gefangen hatten« (Lk 5,9). Sie fragen sich dabei auch immer wieder, oft gegenseitig einer den anderen, »voll Schrecken und Staunen: Was ist das für ein Mensch, dass sogar die Winde und das Wasser seinem Befehl gehorchen?« (Lk 8,25).

Und auch *Jesus war erstaunt* über einen Heiden, der einen unvermutet beglückend machenden Glauben zeigt; er sagte zu den Leuten, die ihm folgten: »Ich sage euch: Nicht einmal in Israel habe ich einen solchen Glauben gefunden« (Lk 7,9).

Das Staunen über das Kind Jesus und über das Wirken des erwachsen gewordenen Jesus will und beabsichtigt im Tiefsten nur eines: einzuladen zu glauben, letztlich einzuladen anzubeten. Im Psalm 139 stammelt der Beter: »Ich danke dir, dass du mich so wunderbar gestaltet hast; ich weiß: Staunenswert sind deine Werke« (Ps 139,13).

Zum Staunen-Lernen lädt auch Ignatius in seinen Exerzitien immer wieder ein. Es sei hier aber nur daran erinnert, wie sehr er auch persönlich gepackt und ergriffen gewesen sein muss, wenn er von seinen Erfahrungen beim Anblick des nächtlichen Sternenhimmels in seinem Pilgerbericht spricht. Er, Ignatius, schämt sich dabei nicht, seine persönliche Ergriffenheit in Superlativen auszudrücken: »Und die größte Tröstung, die er empfing, war, den Himmel zu schauen und die Sterne. Dies tat er viele Male und über lange Zeit; denn dadurch verspürte er in sich einen sehr großen Eifer, Gott, unserem Herrn, zu dienen.«[2]

Auch später noch, als Ignatius schon längst in Rom war, hat er diese ›geistliche Gewohnheit‹ immer wieder aufgegriffen, wie uns P. Pedro de Ribadeneira berichtet: »Nachts pflegte er sich auf das Dach des Hauses zu begeben, wo über ihm nur der Himmel war. Er saß dort vollkommen still. Er nahm seinen Hut ab und sah lange Zeit zum Himmel auf. Dann fiel er auf die Knie und verneigte sich tief vor Gott.«[3]

»Sich tief vor Gott zu verneigen« ist für den, dem diese Fähigkeit geschenkt ist, sicherlich etwas anderes als eine bloß körperliche Gebärde. Es ist Ausdruck inneren Erschreckens und Erstaunt-Seins über die Erfahrung, dass Gott nahe ist.

An dem beglückenden Staunen beim Anblick des

nächtlichen Sternenhimmels hatte sicherlich auch der Dichter Wilhelm Hey Anteil, als er den Liedtext dichtete:

»Weißt du, wie viel Sternlein stehen
an dem blauen Himmelszelt?
Weißt du, wie viel Wolken gehen
weithin über alle Welt?
Gott, der Herr, hat sie gezählet,
dass ihm auch nicht eines fehlet
an der großen, großen Zahl.«

Spätestens dann, wenn Enkelkinder einmal bitten, diese schlichten Verse mit ihnen zu singen, spätestens dann könnten wir ahnen, dass es »Trost« gibt, der mit »Staunen« und »Erschrecken« etwas zu tun hat.
Es tut dem Kind in uns gut, wenn wir uns erinnern an Momente unseres Staunens über Schönheit, Großartigkeit, geglückte Beziehungen, »kontemplative Augenblicke«; vielleicht erinnern an ein Staunen darüber, »dass es überhaupt etwas gibt und nicht nichts«. Dies soll der Anfang der Philosophie sein, heißt es. Es kann der nie aufhörende Anfang der Ehrfurcht vor dem absoluten Geheimnis der Wirklichkeit sein, vor dem unendlichen Geheimnis Gottes. Für Ignatius wurde die »liebevolle Ehrfurcht«, die »ehrfürchtige Liebe«, zur Grundbeziehung zu Gott, zum Kosmos, zum Menschen, zu allem, so schreibt er in sein Tagebuch. Endlich habe er darin »den Weg gefunden, der sich ihm zeigen wollte«.

IV. Das Evangelium der Kindheit Jesu – Schlüssel zu unserem eigenen Kind-Sein

Jesus und das Kind

Wenn Jesus ganz wichtige Aussagen in seiner Verkündigung vom Reich Gottes mit der »Kind-Werdung« verbindet, dann haben beide Wirklichkeiten miteinander zu tun. Und wenn Gottes Menschenliebe – seine Philanthropie (vgl. Tit 3,4) – in der »Menschwerdung« in Jesus seinen Ausdruck findet, dann ist seine Kindwerdung für alle folgenden Ereignisse seines Lebens ein unverzichtbarer Anfang, der nicht übergangen werden darf. Kind-Sein ist, in der Sprache der Exerzitien ausgedrückt, »Prinzip und Fundament« eines Menschenlebens.

Die Verbindung, die Jesus in seiner Verkündigung vom »Himmelreich«, vom »Reich Gottes«, mit der Botschaft vom Kindsein verknüpft, macht auf Wesentliches des Evangeliums aufmerksam:

- Der Anfang ist Geschenk, ist Urerfahrung von Gnade, ist Frucht von Begegnung und nicht Ergebnis eines Rechtsanspruches auf Existenz.
- Auch das »Unfertige« gehört zu unserem Leben. Wachstum und Wandlung und Lernen sind Grundkategorien menschlichen Lebens.
- Wir lernen, uns selbst besser zu verstehen, wenn wir lernen, Kinder zu verstehen, und von ihnen lernen.
- Die »Armut des Jesuskindes in der Krippe« kann und will zur »Armut Jesu am Kreuz« hinführen und zur Erkenntnis und Annahme unserer eigenen Armut.

Im Geheimnis des Kind-Seins, der Mensch-Werdung Jesu – des Mensch-Seins und der Kind-Werdung Jesu – ist der Anfang aller Menschwerdung geheiligt. Das Kind von Betlehem nimmt den immer neuen Anfang des Menschen so ernst, dass es in seiner Geburt selbst einen unüberholbaren neuen Anfang setzt. All die Augenblicke, die die dreißig »unbekannten« Jahre Jesu gestaltet und geformt haben, waren scheinbar von Normalität, Alltäglichkeit gekennzeichnet. Aber in jedem Moment des Lebens Jesu war seine ganze erlösende Wirklichkeit gegenwärtig. Die Verborgenheit so vieler Jahre ist ebenso anbetungswürdig wie alle Aktivitäten seines einzigartigen Lebens.

Stammbaum des Messias-Kindes

Niemand, der je geboren wurde, hat sich seine Ahnen, seine Vorfahren, selbst aussuchen können. Jedes Kind, jeder Mensch überhaupt, hat eine eigene Abstammungsgeschichte, in die er hineingeflochten ist. Er trägt und speichert in den eigenen Genen die Begabungen seiner Vorfahren, er ist dabei aber auch geprägt von negativen Veranlagungen, vom Umfeld des Landes, in dem er lebt, und von der Geschichte der Menschen, mit denen er dies oder jenes zu tun hat.
Jesus wollte *so* in diese unsere Welt kommen, wollte uns »gleich werden in allem«, die Sünde ausgenommen (Hebr 4,15). Auch von seinem »Stammbaum« wissen wir; doch steckt dieser Stammbaum Jesu voller »Merkwürdigkeiten«. So, als ob es eine nicht weiter zu diskutierende Selbstverständlichkeit wäre, werden dort unter den Vorfahren Jesu ehebrecherische Verhältnisse, seltsame Verbindungen mit Fremden, sündhafte Beziehungen und auch sonst sehr häufig Gewalt und Unter-

drückung aufgezählt, in die Jesus »hineingeboren« wurde. Die Texte der Bibel, die uns dies schildern, können in der Tat ein heilsames Erschrecken in uns wachrufen, sie können aber ebenso ungemein tröstlich in uns wirken. In ihrer Offenheit können sie uns helfen, dankbar und zuversichtlich zu bleiben, wenn wir unser eigenes Erbgut – oder auch »Erbübel« – bedenken.

Wenn Ignatius in seinen Exerzitien die Kindheit Jesu, sein »Ankommen« in der Welt, betrachten lässt, dann kann dieses betende Nachdenken ein wirklicher Schlüssel zum eigenen Kind-Sein werden. Auch unser Kind-Sein ist verwurzelt und verwoben in eine lange und bunte Ahnenkette, in deren Erlebnisse und die damaligen Ereignisse. Wenn wir so einmal betend nachdenken, dann braucht niemand, der heute lebt, »hängen zu bleiben« an den vielleicht negativen Umständen des eigenen Gezeugt-worden-Seins.

Vielleicht hilft uns ein Blick in die Ahnenreihe Jesu, wie sie uns bei Matthäus (Mt 1,1–17) aufgezeichnet ist. Da ist z.B. die Rede von zwei Frauen, die Heidinnen waren: Rahab und Rut, sowie von zwei anderen Frauen, die als Sünderinnen galten: Tamar und die Frau des Urija (vgl. Mt 1,3–5 und 1,6). Da ist in großer Offenheit die Rede von König David: Jesus stammt aus dem Hause Davids. Der Nachweis davidischer Herkunft ist für die jüdische Messiaserwartung ein wichtiges, vielleicht sogar das wichtigste Kriterium. David ist ein großartiger König, soll »Werkzeug« in der Hand Gottes werden, aber er ist auch ein Ehebrecher. Die Art, wie er nach vollzogenem Ehebruch dem Urija das gezeugte Kind »unterschieben« will, ist mehr als peinlich. Sie ist »Ärgernis« im übelsten Sinn des Wortes (2 Sam 11).

Es sind seine Vorfahren gewesen, die so gelebt, die solche Ärgernisse hervorgerufen haben. Aber Jesus selbst, von dem es in den Kindheitsberichten bei Lukas heißt, »er nahm zu an Weisheit und Alter« (Lk 2,52), musste auch lernen, wie er mit dem Geschenk der »Gnade bei Gott und den Menschen« (vgl. Sam 2,26) umgehen konnte. Er musste lernen, dieses »Zunehmen« anzunehmen. Denn es waren auch, wenn man so sagen darf, dunkle und Verwirrung stiftende Zumutungen in der Geschichte seiner Vorfahren. Diese anzunehmen kann nicht leicht gewesen sein.

Auch auf diesen Lernprozess im Leben des Kindes und jungen Mannes Jesus hinzuweisen kann im Prozess der Exerzitien für die Exerzitanten außerordentlich hilfreich sein. Namen, Berufungen und Berufe tauchen da vor uns auf, Menschen mit ihren Schicksalen, die eng mit meinem eigenen Geschick verknüpft sind; Menschen, die etwas Wichtiges für mein (oder unser) Leben bedeuten; Menschen, ohne die ich nicht der oder die wäre, die ich durch die Abfolge der Generationen geworden bin.

Nochmals: Niemand kann persönlich etwas dafür, wann und wie er geboren ist. Gott hat in der Menschwerdung seines Sohnes ein »Ja« gesagt zu einer Erniedrigung und Anpassung an Umstände und Verhältnisse, die nicht nur arm, sondern auch armselig in unvorstellbarem Maße sind. Gott hat keine Niedrigkeit gescheut, um in dieser Menschengesellschaft uns menschlich nahe zu sein, sich »in eine Reihe« mit uns zu stellen. Das wollen die Evangelientexte aus der Kindheitsgeschichte dem Leser sagen. Aber nicht nur dem Leser dieser vielleicht fromm klingenden Texte, sondern vor allem dem, der diese Texte auf sich einwirken lassen will, dem Beter; dem, der in der Annah-

me dieses beispielhaften Lebens Exerzitien macht, eigene Übungen. Wirkliche Übungen im Erlebnisprozess *der* Welt, die meine und unsere Welt ist.
Karl Rahner schreibt einmal, der Exerzitant möge, wenn er sich auf die Begegnung mit Jesus einlässt, merken: »Zu dieser Welt gehöre ich, sie ist mein Daseinsraum; ich selbst bin mit in ihre verwirrende Vielfalt und ausweglos scheinende Problematik eingesenkt. In meiner jeweiligen Befindlichkeit habe ich nur einen kleinen Ausschnitt dessen im Griff, was das Daseinsproblem der ganzen Menschheit ausmacht.«[4]
Die ältere Generation erinnert sich noch lebhaft an die Nachkriegsjahre, an die Fluchtwege der Eltern nach dem letzten Weltkrieg. Sie erinnert sich an Hungerzeiten mit den damals nötigen Einschränkungen. Sie erinnert sich an ein Wohnen auf engstem Raum und bei fremden Menschen; nicht immer war die Familie, aus der wir selbst stammen, – manches war ganz ähnlich wie in der Kindheit Jesu – bei anderen willkommen: » … denn in der Herberge war kein Platz für sie« (Lk 2,7). Das neugeborene Kind Jesus wurde abgelehnt. Im Johannes-Evangelium heißt es: »Er kam in sein Eigentum, aber die Seinen nahmen ihn nicht auf« (Joh 1,11). In diesem knappen Satz ist biblisch etwas eingefangen, was man als »Dramatik der Weltgeschichte« bezeichnen könnte. Der große und nahezu unvorstellbare Plan eines Schöpfergottes, seine Menschwerdung, wird Wirklichkeit. In einem Kind, das aussieht wie Millionen andere Kinder. Und doch: keine Aufnahme durch die, die in der Heiligen Schrift als »Eigentum« des Allmächtigen verstanden werden. Nicht Annahme, sondern Ablehnung.
Vielleicht können einige Fragen oder Überlegungen helfen, im Gebet über die Schwierigkeiten des Kind-

Seins und Kind-Werdens in unserer Zeit einmal nachzudenken:

- Wie viele Frauen und Mädchen sind heute, weltweit, gezwungen, ihre Kinder unter ungünstigsten Bedingungen zu gebären?
- Macht es uns noch betroffen, wenn wir erfahren, dass im China unserer Zeit Eheleute mit zum Teil horrenden Geldsummen bestraft werden, wenn sie ein zweites oder drittes Kind zur Welt bringen wollen?
- Leben wir engagiert mit der Frage, wie wir in einer Welt, die jährlich um ca. 80 Millionen Menschen wächst, menschenfreundlich leben und wirtschaften können?
- Warum wird mit »Kindersoldaten« ein so irrsinniger Versuch unternommen, Unmündige zu willigen Werkzeugen bei gewalttätigen Truppen zu machen?
- Sind nicht immer wieder Kinder den »Mächtigen dieser Welt« ein Dorn im Auge?
- Haben wir unseren Eltern schon einmal ausdrücklich oder doch wenigstens stillschweigend dafür gedankt, dass sie »ja« zu uns gesagt haben; dazu, dass wir »kommen« konnten, kommen durften?
- Gibt es im Blick auf unsere Familiengeschichten, auf »schwarze Schafe«, auf Verstoßene nicht eine große Einladung, betend sich versöhnen zu lassen, Schritte zuzugehen auf …? – Oft ein wichtiger Versöhnungsschritt für eigenes Wachsen.
- Es gibt nicht nur »schwer erziehbare Kinder«, sondern auch »schwierige Erwachsene« und Eltern-Kind-Beziehungen, die der Klärung, Befreiung und Befriedung bedürfen. Kann ich mich darauf einlassen? Auch wenn die Eltern schon verstorben sind?

Die oft kurzen Bemerkungen der Heiligen Schrift über die Kindheit Jesu wollen nicht als erbaulich verstanden werden, sondern sind eigentlich erschütternde Wirklichkeiten. Wer sie ernsthaft bedenkt, ist eingeladen, über das Schockierende einmal bewusst nachzudenken, innezuhalten: Wohnungssuche, Migration, unrühmliche Vorfahren, als unwillkommen abgeschoben zu werden usw. All das kann »Schlüssel« sein zum eigenen Kind-Sein; kann helfen, dankbar zu sein für das eigene Erb-Gut, kann etwas in uns wachrufen und fruchtbar machen für das eigene Leben und die Beziehung zu anderen.

V. »Und das Wort ist Kind geworden«

Die Überschrift dieses Kapitels ist in Anführungszeichen gesetzt, da es ein wörtliches Zitat von Klaus Hemmerle, dem verstorbenen Bischof von Aachen, ist: Gott will kommen, um den Menschen zu erlösen, und er kommt – als Kind. Er kommt nicht in großer Macht und Herrlichkeit, sondern hilflos, als armes, in allem bedürftiges Wesen. Er kommt nicht durch einen »Vertreter«. Er kommt in der Demut und Armut eines Kindes. Er begegnet uns nicht, indem er Angst und Furcht verbreitet. Er kommt nicht als erwachsenes, fertiges Wesen, sondern wird empfangen im Schoß einer Jungfrau, die durch ihr »Ja« das Kommen Gottes in unsere Welt mit-tragen wollte. Gott will sich erbarmen und darum erfüllt er einen Menschen, das Mädchen Maria, mit seiner in allem zuvorkommenden Gnade, dass ihr dieses freie »Ja« möglich ist.
Jahrhunderte zuvor ist dieses Ereignis schon angedeutet und in den Schriften der Propheten angesagt: »Seht, die Jungfrau wird empfangen und ein Kind gebären … und ihren Sohn Immanuel nennen« (Jes 7,14). Jetzt, »in der Fülle der Zeit, sendet Gott seinen Sohn, geboren von einer Frau« (Gal 4,4). Gott löst das Erbarmen ein, die »Huld« zu gewähren, die er seit Ewigkeit geplant und beabsichtigt hatte. Lukas schildert uns dieses Erbarmen, das man eigentlich nicht schildern und beschreiben kann.[5] »Kecharitoméne«, sagt er, »erfüllt mit Huld«, das heißt: erfüllt und beschenkt mit Heiligem Geist. Die Kraft des Höchsten, des unendlichen Gottes, kommt und will sich dem Menschen mitteilen. Und Maria sagt: Es geschehe. Sie sagt ja.

In dem Kapitel der Heiligen Schrift, das uns die Menschwerdung Gottes in Jesus ansagt, ist uns ein Urbild aller Gottesbegegnung geschildert. Immer ist der Ewige der Zuerst-Handelnde. Schon bei Abraham, der von Gott berufen wird (Gen 12,1–3), heißt es: »Gott redete mit ihm und sprach: Das ist mein Bund mit dir … durch ihn sollen alle Völker der Erde Segen erlangen« (Gen 18,17), und: »Ich werde meinen Bund mit ihm schließen als einen ewigen Bund (für ihn) und alle seine Nachkommen« (Gen 17,19). Abraham soll zum Segen werden, nicht nur für sich und seine Nachkommen, sondern für alle, denen Gott durch und in seiner Segensmitteilung Heil schenkt. Der Segen Jahwes soll sich auf die ganze Menschheit auswirken. Abraham wird zum Mittler des Segens erwählt. Diese Zusage einer Heilswirklichkeit ist der Beginn von Neuem. Gott wirkt und bewirkt dieses Neue. Er bewirkt es durch Menschen. Er wirkt und bewirkt es besonders in Maria, die er zur Mutter des Menschensohns machen wollte.

Ignatius lädt in seiner Betrachtung über die Menschwerdung dazu ein, mit allen uns zur Verfügung stehenden Sinnen dieses Ereignis in seiner Tiefe auf uns wirken zu lassen: mit den inneren Augen zu sehen, mit den inneren Ohren zu hören und so das ganze Tun Gottes in der Menschwerdung seines Sohnes, der ja als Kind zu uns kam, sich innerlich anzueignen. Dieses innere Sich-Aneignen umschreibt der Heilige, wenn er sagt und immer wieder einlädt, »dann (nachdem der Meditierende darüber nachgedacht hat) sich darüber besinnen, um aus ihren Worten (d.h. des Engels und der Maria) einen (oder einigen) Nutzen zu ziehen« (Exerzitienbuch Nr. 107).

Sich innerlich etwas anzueignen, »um daraus einen

(oder einigen) Nutzen zu ziehen«, damit meint Ignatius sicherlich nicht irgendeine Verzweckung im geistlichen Sinne. Aber wahrscheinlich trifft es die Absicht dieses geistlichen Sich-Aneignens, wenn der Beter sich fragt: »Was kann das (oder könnte das) für *mich* bedeuten? Was will Gott *mir selbst* (oder uns) damit sagen? Wo, an welchem Punkt, berührt Gott *meine* Seele? Zu welchem Aufbruch, zu welcher neuen Liebe darf *ich* mich eingeladen fühlen?«

Ignatius hat in seiner Betrachtung über die Menschwerdung in den Exerzitien den meditierenden Menschen miteinbezogen. Wir nennen diese Art betenden Meditierens »Aufbau des Schauplatzes« und »Anwendung der Sinne«. Ignatius lässt den Beter gewissermaßen in die Krippe hineinschauen, sich vor dem neugeborenen Kind verneigen, lädt ihn ein, selbst zum Kind zu werden: »Dabei mache ich mich zu einem armen kleinen und unwürdigen Knechtlein, das sie anstaunt und betrachtet und ihnen in ihren Nöten dient, ganz so, als wäre ich gegenwärtig, mit der größtmöglichen Ergebenheit und Ehrfurcht« (Exerzitienbuch Nr. 116). Nur hinschauen und staunen! Mit dem Kind versuchen wie ein Kind zu sein! Klein werden! – Der Mensch ist dann am größten, wenn er sich klein machen, wenn er sich hinknien kann. In einem alten Weihnachtslied hat Paul Gerhardt diese geistliche Empfindung in einmalig schöner Weise ausgedrückt:

»Ich sehe dich mit Freuden an
und kann mich nicht satt sehen,
Und weil ich nun nichts weiter kann,
bleib ich anbetend stehen.
O dass mein Sinn ein Abgrund wär
und meine Seel' ein weites Meer,
dass ich dich möchte fassen.« (Paul Gerhardt, 1653)

Die Menschwerdung des Gottessohnes geschieht im Geheimnis der Kind-Werdung. Wenn wir darum sagen, der unendliche Gott komme zu uns in der Gestalt eines endlichen Menschen, so kann sich das nicht erschöpfend ausdrücken lassen in der Stimmung des etwas süßlichen Weihnachtsliedes mit »holder Knabe im lockigen Haar«. Das Kind Jesus ist zwar »das Kind, das in der Krippe liegt«, wie Ignatius das in seinen Exerzitien sagt (Exerzitienbuch 265), es ist aber ebenso das Kind, das Maria und Josef zum Tempel bringen (Exerzitienbuch 268), um es dem Herrn darzustellen. Im Text lädt Ignatius uns ein, »das Kind nach seiner Geburt zu sehen« (Exerzitienbuch 114) und den Gehorsam des Kindes Jesus seinen Eltern in Nazareth gegenüber (Exerzitienbuch 134).[6]

»Das Kind nach seiner Geburt zu sehen« weitet den Horizont des Betrachters: Schon im Neugeborenen, das in der Krippe liegt, ist der ganze Christus gegenwärtig, der menschgewordene Herr, das ewige Wort des ewigen Vaters. Wenn die »Kind-Werdung« Gottes uns also wahrhaft berühren soll, darf unsere Meditation nicht bei dem zarten »Kindlein« Jesus stehen bleiben. In diesem Kindlein begegnet uns der, dem alle Macht gehört, der den Anspruch über die Wirklichkeit des ganzen Kosmos deutlich gemacht hat: »Mir ist alle Gewalt gegeben im Himmel und auf Erden« (Mt 28,18). Der Allgewaltige begegnet uns als der Gewaltlose, der König des Himmels als Knecht Gottes auf dieser Erde, der Herrscher als Diener, der seinen menschlichen Mitbrüdern die Füße wäscht.

Das zu sehen und zu glauben ist schwer. Es ist vor allem provozierend. Aber es ist wahr. Es ist uns so im Evangelium berichtet. Die Wahrheit der Menschwerdung Gottes muss und kann eigentlich nur in der

Kind-Werdung ganz gesehen werden. Aber diese Kind-Werdung »ist weniger eine Frage der Verehrung des Kindes Jesus als der des Christus, unseres Herrn, der sich für immer in den Geheimnissen seiner Kindheit offenbart«[7].

VI. Simeon und Hanna: Langes Warten – erfüllte Sehnsucht

Warten kann sehr anstrengend sein. Vordergründig muss sich im Warten der Eindruck aufdrängen: Jetzt bin ich zum Nichtstun verurteilt. Bisher war doch alles ganz anders. Ob das Erwartete – oder der Erwartete – tatsächlich kommen wird?

Viele Menschen warten ein Leben lang: auf Versprochenes, auf Kinder und Erben, auf etwas, was noch kommt. Sie haben das Gefühl oder auch die Überzeugung, das, was sie bisher erlebt haben, könne unmöglich schon alles gewesen sein. So beginnen sie, sich mehr und mehr in Geduld zu üben.

Von Simeon und Hanna berichtet das Lukas-Evangelium (Lk 2,25–39), dass sie alt geworden waren, für die damalige allgemeine Lebenserwartung sogar sehr alt. Sie haben auf die Erlösung Israels gewartet. Doch ist für sie beide dieses Warten nicht in erster Linie Last, sondern Sehnsucht. Sie glauben an den Erlöser, an eine konkrete Erfüllung ihrer Sehnsucht, die aus der Verheißung lebt.

Die dem Simeon geschenkte Verheißung soll sich aber nicht erst in weiter Zukunft erfüllen, sondern noch in seinem gegenwärtigen Leben, also bald, noch ehe er stirbt. Der Exeget Heinrich Schlier sagt einmal: »Die Hoffnung vollzieht sich im Glauben. Sie hat den Glauben als Fundament, von dem sie sich nicht lösen kann, weil sie aus ihm erwächst … Im Glauben nimmt der Mensch die Botschaft des Evangelium gehorsam an, übergibt sich ihr und in ihr der darin waltenden Hoffnung.«[8] Simeon und Hanna glauben an die ihnen geschenkte Weisung durch den Heiligen Geist, dass sie noch den Messias, den verheißenen Retter, schauen sollen. Das meint doch: Sie lassen sich in ihrer Sehnsucht nicht irritieren. Sie sind überzeugt vom Wirken des Geistes, nicht nur von seinem Wirken in und an Israel, sondern auch im eigenen Leben: »Der Trost und Heiliger Geist« lebten in ihnen (vgl. Lk 2,25–26).

Beide sollen in ihrem hohen Alter Zeugen werden, Zeugen für Sendung und Auftrag des neugeborenen Kindes Jesus. Diese Zeugenschaft soll sich nicht nur auswirken auf Israel, sondern auf alle Völker der Erde (Lk 2,31). Das Messias-Kind wird sein »ein Licht, das die Heiden erleuchtet, und Herrlichkeit für dein (sein) Volk Israel« (Lk 2,32).

»Simeon nahm das Kind in seine Arme und pries Gott.« In dem Messias-Kind ist der Gott Israels den Menschen unvorstellbar nahe gekommen. Allabendlich singt die Kirche bis heute dieses wunderbare Nachtgebet, das »Nunc dimittis« – »Nun lässt du, Herr, deinen Knecht in Frieden scheiden«. Sie singt das Lied des greisen Simeon immer wieder, singt es in großer Dankbarkeit, weil sie sich in diesem Lied als an die Stelle Simeons gerückt erfährt und weil die Verse dieses Liedes von den »Augen, die das Heil gesehen haben«, zeitlose Gültigkeit besitzen.

Doch ist die Vision des greisen Simeon damit noch nicht zu Ende. Musste nicht die Prophezeiung über den kommenden Aufstieg und Niedergang vieler in Israel, dass »viele durch Jesus zu Fall kommen und dass viele aufgerichtet werden« (Lk 2,24), mit Betroffenheit gehört werden? Was sollen diese Worte bedeuten? Welche Auswirkung werden sie haben? Was ist damit gemeint, wenn das neugeborene Kind als »Zeichen, dem widersprochen wird«, angekündigt wird? Ist hier etwas vorhergesagt, was Unheil, Schrecken, vielleicht sogar eine kriegerische Auseinandersetzung – hervorgerufen durch dieses Kind – in Zukunft vermuten lässt?

»Zeichen des Widerspruchs« ist Jesus bis heute geblieben. Alle Zeiten und die Menschen aller Kulturen werden sich in irgendeiner Weise auseinandersetzen müssen mit Leben und Anspruch dessen, der ihnen in diesem Kind begegnet. Jesus, das Kind, und doch auch der vielgeliebte Sohn des ewigen Vaters, ist das Zeichen aller Zeichen, mit dem sich die Menschheit insgesamt auseinandersetzen muss.

In den Exerzitien des Ignatius soll jener, der diese Übungen macht, sich fragen lernen: Wohin führt das? Was bringt mir bei all meinem Suchen Hilfe? In der Betrachtung der zwei Heerlager – in herkömmlicher Weise oft die »Zwei-Banner-Betrachtung« genannt (Exerzitienbuch Nr. 136–148) – wird die Notwendigkeit, sich für eines der Heerlager entscheiden zu müssen, besonders deutlich herausgestellt: Der Mensch soll lernen, zu wählen, was für sein jetziges und sein kommendes Heil von entscheidender Bedeutung ist; was nach Abwägung aller Umstände verspricht, einen »größeren« Nutzen für sein Leben zu erbringen.

Dreimal wird in dem Zeugnis des Simeon und der Hanna unmittelbar hintereinander vom Wirken und von der Macht des Heiligen Geistes gesprochen (Lk 2,25–27). Ohne die Eingebung des Geistes hätten sich weder der Weg des Simeon noch die geistliche Kraft der Hanna erfüllt. Im Stundengebet für den Alltag[9] wurde die Macht dieses Geistes noch jüngst zur Sprache gebracht: »Simeon und Hanna sind Menschen, die bis ins hohe Alter unbeirrbar an ihrer Hoffnung und Sehnsucht festhalten. Dadurch können sie das Entscheidende im rechten Augenblick wahrnehmen: Sie entdecken in dem kleinen Kind die Erfüllung ihrer Sehnsucht. Es hat keinen Strahlenkranz um das Köpfchen, es ist ein Menschenkind wie jedes andere. Gottes rettendes Tun ist nicht wie ein Sturm gekommen, der das Böse wegfegt, sondern so verletzlich wie das Leben eines Kindes.«

Wer die Kindheitstexte Jesu in der Heiligen Schrift meditiert, wird möglicherweise für sich selbst ganz neue geistliche Erfahrungen machen, wirkliche Entdeckungen. So zum Beispiel,

- dass Gott zu allen Zeiten suchende Menschen ruft und beruft,
- dass er keine aufrichtige Sehnsucht nach Heil und Ganzheit unbeantwortet lässt,
- dass alle Lebensstände – Verheiratete, ehelos Gebliebene, verwitwete Menschen … – auf je eigene Weise eingeladen sind und auch bleiben, »Gott bei Tag oder auch in der Nacht« zu dienen,
- dass auch dort, wo die Gott-Zugehörigkeit ein ganzes Leben bestimmt, diese Berufungen auf massive Ablehnung stoßen können,
- dass Gott den Schrei unserer Gebete immer erhört, auch wenn er ihn *anders*, als wir es meinten, erhört.

VII. Im Tempel verloren und wiedergefunden – Vom Geheimnis, Gott zu gehören

Kinder beginnen irgendwann in ihrer frühesten Lebenszeit zu laufen; sie beginnen bald danach aber auch, »eigene Wege« zu gehen. Diese Wege sind wichtig, weil die Ablösung vom Elternhaus ein notwendiger Schritt in die Selbständigkeit ist; andererseits wird diese Ablösung aber auch schmerzhaft erfahren und erlebt von denen, die es betrifft – die Angehörigen, besonders die Eltern.

Mit Beginn des Erwachsenenalters ist der fromme Israelit verpflichtet, mit den Erwachsenen zum Paschafest zur Wallfahrt nach Jerusalem aufzubrechen. Nach Exodus 23,14–17 und Deuteronomium 16,16 sind die erwachsenen Männer »eingeladen«, (sogar) dreimal im Jahr hinzugehen, um »das Angesicht des Herrn, seines Gottes, an der Stätte, die er auserwählt, zu schauen …«. Im Lukas-Evangelium wird uns so von dem heranwachsenden Jesus berichtet, wie er mit seinen Eltern zum ersten Mal diese Wallfahrt zum Paschafest nach Jerusalem unternimmt. Der Zwölfjährige sieht den Tempel und den Aufwand, der in ihm und um ihn herum getrieben wird. Er sieht es und »weiß«, dass hier in einzigartiger Weise Gott gegenwärtig ist. Das Kind Jesus, der Heranwachsende, darf Gott »seinen Vater« nennen, so wirklichkeitsbezogen wie sonst niemand in Israel, wie niemand der Menschen. Die Faszinationskraft des Tempels muss schon für das Kind Jesus mehr gewesen sein als die bloße Faszination eines heiligen Ortes.

Ignatius lädt bei der Betrachtung der Geheimnisse des Lebens Jesu ausdrücklich dazu ein, »mit den inneren Augen zu sehen«, das heißt »mit der Sicht der Vorstellungskraft« (Exerzitienbuch Nr. 112) die Gegenwart Christi in allen Texten, die das Kind Jesus betreffen. Er lädt dazu ein, den Weg Jesu zu schauen, innerlich mitzugehen zu allen Orten und so teilzuhaben an allen Situationen, an denen Jesus teilhatte. Das alles ändert sich, nachdem Jesus im Tempel in Jerusalem bleibt.[10] Diese Veränderung wird insbesondere dadurch deutlich, dass auch Maria, die Mutter, und Josef, der als Pflegevater über das Kind wachen und für es sorgen soll, das Kind nicht mehr verstehen. »Der junge Jesus aber blieb in Jerusalem zurück, ohne dass seine Eltern es merkten« (Lk 2,43). Sie suchen ihn, sie suchen ihn lange. Die Schrift berichtet über Orte, Menschen und Situationen ihres Suchens. Nach drei Tagen, nach einer langen und scheinbar erfolglosen Zeit finden sie das Kind, »ihr« Kind, im Tempel. »Als sie Jesus, das Kind, fanden«, das Kind, das sich ihnen – so erfahren sie – durch seine »Eigen-Willigkeit« entzogen hatte, fragen sie: »Kind, warum hast du uns das angetan? Dein Vater und ich haben dich voll Angst gesucht?« Da sagte er zu ihnen: »Warum habt ihr mich gesucht? Wusstet ihr nicht, dass ich in dem sein muss, was meinem Vater gehört?« (Lk 2,49–50).
Das rätselhafte Wort des Kindes Jesus – er ist ja noch ein Heranwachsender – muss in den Eltern Irritationen großen Ausmaßes ausgelöst haben. In dem Augenblick, als sie ihn gefunden hatten (oder meinten, ihn gefunden zu haben), entzieht sich ihnen das Kind zum zweiten Mal, ärger als das erste Mal. »Sie verstanden nicht, was er damit sagen wollte.«
Was meint das Kind mit dem Wort: »meinem Vater«?

Ist nicht Josef sein Vater? Hat nicht er die Verantwortung und Sorge? Müssen die Eltern des Kindes sich nicht zwangsläufig übergangen fühlen? Klingt die Antwort des Kindes Jesus nicht fast wie ein Vorwurf, so als solle man heraushören: »Ihr hättet es eigentlich wissen müssen«?

Nicht nur damals, auch heute noch stellen sich viele Fragen. Die Gott-Zugehörigkeit eines Menschen wird letztlich immer ein Geheimnis bleiben. Auch die Tiefe und Absolutheit dessen, was Jesus über seine Beziehung zu seinem Vater ausdrücken wollte, dem »Vater im Himmel«. Nicht menschliche Autorität ist Letztinstanz, der sich Jesus verpflichtet fühlte. Vielleicht hilft es uns, wenn er seinen irdischen Eltern gegenüber von einem »Müssen« spricht (»dass ich in dem sein muss, was meinem Vater gehört«), dabei, an ein »Müssen« zu denken, das nicht nur kein Zwang, sondern eine unerhörte Freiheit meint, bestehend aus Gehorsam und Liebe, eine Freiheit, zu der nur Gott selber rufen und berufen kann.

Wenn Ignatius in seinen Exerzitien das Geheimnis des Verloren-Gehens Jesu im Tempel anspricht, dann macht er dabei auf etwas aufmerksam, was sich menschlichem Zugriff entzieht und dabei doch von entscheidender Wichtigkeit ist. Der Exerzitant kann hier betend nachdenken über das, was sein Schöpfer mit *ihm* plant, wenn er ihm etwas zumutet, etwas, was alles vordergründige Verstehen übersteigt. Die Zugehörigkeit zu Gott und das Einverstandensein mit dem, »was dem Vater gehört«, kann auch im Leben des Exerzitanten etwas bewirken, was Außenstehenden unbegreiflich, ja wie eine Dummheit vorkommen kann.

»Das, was dem Vater gehört« erklären zu wollen, wird immer schwierig bleiben. Aber es hat Konsequenzen, wenn wir versuchen, es zu leben bzw. es zuzulassen. Auch für Maria und Josef wird das Rätsel des göttlichen Kindes nicht gelöst. »Doch sie verstanden nicht, was er damit sagen wollte« (Lk 2,50). Offensichtlich wird der Mensch immer wieder eingeladen, Rätsel des Lebens, Rätsel Gottes stehen zu lassen, wenn sie denn unlösbar erscheinen. Das Leben selbst wird dadurch nicht unsinniger. Man kann auch lernen, mit ungelösten Fragen zu leben. Hier, in dieser Weltzeit, schauen wir oft nur wie in einem Nebel »rätselhafte Umrisse«; in der Vollendung »von Angesicht zu Angesicht«; »dann erkennen wir ganz, so wie wir ganz erkannt worden sind« (1 Kor 13,12f).

VIII. Die Botschaft des armen Kindes

Wer sich in die Kindheit des Kindes Jesus hineindenkt, könnte dabei leicht an oberflächlicher Betrachtungsweise hängen bleiben, seine Sicht nur vom ersten Eindruck oder von seinem Gefühl bestimmen lassen: »ein wirklich süßes Kind! Ein Kind mit wunderbaren Augen! Ein Kind, das uns anlächelt und froh macht!«

Wir sollten dieser Sicht und diesem Eindruck keinen übermäßigen Platz einräumen. Eine solche Sicht ist einseitig und vordergründig. Die Wirklichkeit ist anders. In einem Kind erleben wir die absolute Bedürftigkeit, es ist in seiner existenziellen Armut nahezu auf alle Hilfe von außen angewiesen, es hat selbst kaum Ressourcen, auf die es auch verzichten könnte, es ist wirklich in allem und jedem *bedürftig*.

Natürlich wird gerade durch diese Bedürftigkeit eines Kindes ein spontanes Mitgefühl in den allermeisten Erwachsenen geweckt, wenn sie ein solches Kind sehen, wenn sie es erleben. Ein Säugling ist ein wirklich »fertig« entwickelter Mensch, der aber in allem »unfertig« ist. Das Neugeborene braucht alles, jedes Neugeborene braucht alles.

Die Propheten des Alten Testamentes beschreiben in einer Direktheit und Offenheit wie selten sonst diese Armut. So zum Beispiel Ezechiel, der auf Israel das Bild vom gerade geborenen Säugling anwendet. Er ist unendlich arm und hilfsbedürftig. Ezechiel schildert dies anschaulich: »Man hat dich nicht mit Wasser abgewaschen, nicht mit Salz eingerieben, nicht in Windeln gewickelt. ... Am Tag deiner Geburt hat man dich auf freiem Feld ausgesetzt, weil man dich verabscheute. Da kam ich an dir vorüber und sah dich in deinem Blut zappeln, und ich sagte zu dir, als du blutverschmiert dalagst: *Bleib am Leben!*« (Ez 16,4–6).

Das ist die unerhörte Botschaft, die dem sonst »todgeweihten« Neugeborenen gilt. Sie galt Israel damals, sie gilt heute. Sie gilt auch in einer Zeit, die sich den Spiegel der Wirklichkeit nicht gern vor das Gesicht halten lässt. Der Spiegel der Wirklichkeit zeigt uns die ganze Unmenschlichkeit den Hilflosen und Wehrlosen gegenüber, die Brutalität ganz besonders Kindern gegenüber. Weil Kinder immer wehrlos sind. *»Bleib am Leben!«,* das ist die Botschaft dessen, der alles Leben geschenkt hat.

Lassen wir einmal kurz und exemplarisch die Hilflosigkeit und traurige Wirklichkeit von Hunderttausenden von Kindern in unserer Erinnerung lebendig werden. Dabei können wir uns einige der drastischsten Situationen bewusst machen:

- Wenn in Ländern des Orients und Vorderen Ostens Zigtausende von Kindern zwischen fünf und vierzehn Jahren zum Teppichknüpfen »abgerichtet« werden und man so »Billigst-Ware zu brutalen Bedingungen« produziert.
- Wenn in Ostafrika bei Epidemien ganze Bevölkerungsgruppen durch Hunger ausgelöscht werden – ganz besonders dramatisch für weit über die Hälfte aller Kinder.
- Wenn Kindersoldaten zwischen zehn und fünfzehn Jahren »helfen« sollen, kriegerische Auseinandersetzungen zwischen Nord- und Südsudan zu gewinnen, und wenn Kinder gezwungen werden, Erwachsene – bisweilen sogar die eigenen Eltern! – umzubringen.
- Wenn in dem Riesenreich China jahrzehntelang ei-

ne »Ein-Kind-Politik« propagiert wird und wenn Dagegenhandelnde mit massiven Strafen – bis zur Existenzvernichtung – rechnen müssen.
- Wenn in der wohlhabenden Bundesrepublik immer noch abtreibende Frauen eher geächtet werden, als dass eine wirklich soziale Gesetzgebung bereit wäre, der oft vorausgehenden Not entgegenzuwirken.
- Wenn heranwachsende Kinder von drogenabhängigen Eltern in eine unheilvolle Rolle gedrängt und so äußerst negativ beeinflusst werden.
- Wenn für Eltern das Geldverdienen wichtiger eingeschätzt wird als Zuwendung und Zeit für die heranwachsenden Kinder zu haben.

Viele weitere Beispiele der Not ließen sich nennen, viele kinderfeindliche Einflüsse in unserer Gesellschaft: so genannte Schlüsselkinder, von »guten Onkeln« heimlich missbrauchte Kinder, bewusst und ohne alle Not kleingehaltene Familien mit nur einem Kind, auch deswegen, weil der soziale »Status« sonst darunter leiden könnte ...

Machen wir uns klar, worum es eigentlich geht, was das eigentliche Anliegen ist, was im Sinne einer geistlichen Werte-Ordnung sich aus dem Evangelium ausdrücklich nahelegt:
- Kinder sind die Lieblinge Gottes
- Kinder sind auch die größte Kostbarkeit eines Volkes Kinder sind, auch weil sie klein und wehrlos sind, immer gefährdet.

Im Evangelium heißt es: »Jesus rief ein Kind herbei, umarmte und herzte es und sagte: ›Wer ein solches Kind in meinem Namen aufnimmt, der nimmt mich auf‹« (Mk 10,13.15). Im Evangelium heißt es auch: »Wer eines dieser Kleinen, die an mich glauben, zum Bösen verführt, für den wäre es besser, ihm würde ein Mühlstein um den Hals gehängt und er würde in die Tiefe des Meeres versenkt« (Mk 9,42; Mt 18,6).

Jesus orientiert seine Verkündigung, die Frohbotschaft vom angebrochenen Gottesreich, ganz wesentlich am Kind: »Wenn ihr nicht werdet wie die Kinder, werdet ihr nicht in das Reich Gottes eingehen.« Dies Wort im Munde Jesu lässt geradezu vermuten, ja macht es zur Gewissheit, dass auch der erwachsene Jesus im ständigen Bewusstsein gelebt hat, Kind des Vaters im Himmel zu sein, von ihm in ungebrochener Weise und in allem geliebt zu werden.

In der ersten Woche der ignatianischen Exerzitien will Ignatius vor allem dies deutlich machen, wie sehr wir von Gott angenommen, geliebt und absolut bejaht sind – in unserem Verletztsein, in unserer Liebesarmut, unserer egoistischen Sündhaftigkeit. Dieser Gott, so will Ignatius sagen, liebt uns nicht »bedingungsweise«, sondern weil er in jedem von uns Menschen die »Gott-ähnliche Wirklichkeit« seines Sohnes erkennt. Der Sohn Gottes hat sich buchstäblich in allem *klein gemacht,* er ist Mensch geworden, ist Kind geworden.

Die Wehrlosigkeit des Kindes Jesus ist eines der erschütterndsten Geheimnisse des Glaubens, weil hier in der Kleinheit und Wehrlosigkeit des Krippenkindes beginnt, was in der Armut und Wehrlosigkeit des Kreuzes enden wird. Die Wehrlosigkeit der Liebe Gottes ist in allen Formen des Lebens Jesu gegenwärtig. Sie ist in gleicher Weise unfassbar – unbegreiflich wie anbetungswürdig. In einem der Schlussgebete in der Messliturgie heißt es: »Gott, unser Vater, dein Sohn hat uns von dir Kunde gebracht. Er hat uns erkennen lassen, wie du bist: groß in deiner Huld für deine Geschöpfe, gewaltig in deiner Hoheit, wehrlos in deiner Liebe.«

IX. »Der junge Jesus wuchs heran ...« – Abschied nehmen vom Leben der Kindheit

Der Abschied von der Kindheit oder dem Kind-Sein ist bei vielen jungen Menschen von einer gewissen Unruhe erfüllt: Sie suchen anderswo Kontakte, nicht mehr nur zu Hause; sie fühlen sich unsicher und werden von den eigenen Angehörigen oft als recht sprunghaft erlebt. Einerseits sind sie nicht mehr ganz Kind, andererseits sind sie aber auch noch keine Erwachsenen. Sie leben ganz in ihren »Stimmungen«, in Stimmungen, die sehr plötzlich auch in ihr Gegenteil umschlagen können. Vielleicht gehört ein rascher Stimmungswechsel geradezu typisch zu diesem Abschnitt im Leben der jungen Leute. Viele Eltern empfinden ihre Kinder in diesem Alter als schwierig: Sie verstehen nicht immer, was ein bestimmtes Verhalten ihrer Kinder »meint« oder bedeuten soll. Doch auch die Kinder selbst fühlen sich von den Eltern vielfach nicht mehr verstanden.

»Ablösungsprozesse« sind sicherlich notwendig, vermutlich aber sind sie überall ähnlich. Über den Weggang und die Ablösung des jungen Jesus von seinem Elternhaus wissen wir nichts. Es gibt keine Nachrichten darüber, was der Herr getan hat, wie es ihm erging, als er in diesem Alter war. Von Jesus heißt es im Lukas-Evangelium nur kurz: »Dann (d.h. nachdem Jesus von seinen Eltern im Tempel gesucht und auch gefunden worden war) kehrte er mit ihnen nach Nazareth zurück und war ihnen gehorsam. Seine Mutter bewahrte alles, was geschehen war, in ihrem Herzen.

Jesus aber wuchs heran, und seine Weisheit nahm zu und er fand Gefallen bei Gott und den Menschen« (Lk 2,51–52).

Die zwei Verse, die den Abschied Jesu von »zu Hause« andeuten, verhüllen eher, als dass sie etwas offenbaren. »Heranwachsen und zunehmen an Weisheit« – es sind dies Stufen im Leben des Menschen, Stufen sicherlich auch im Leben Jesu. Die aktuelle Lebensstufe muss der Mensch immer wieder hinter sich lassen, um die nächsthöhere zu gewinnen. Unser Herr hat so »in einer großen Unauffälligkeit« – vielleicht dürfte man auch sagen »in einer heiligen Unauffälligkeit« – ein verborgenes Leben gelebt.

Auch in den Exerzitien des Ignatius sollten wir die Zeit des Kind-Seins Jesu – trotz der spärlichen Bemerkungen, die uns in der Heiligen Schrift davon überliefert sind – keinesfalls außer acht lassen. Wir brauchen natürlich nichts dazuzuerfinden, wir dürfen dennoch zu Recht annehmen, dass im Leben des jungen Mannes Jesus keine spektakulären Ereignisse eine »normale«, herkömmliche Entwicklung gesprengt haben. Wenn es in den Exerzitien heißt, dass Jesus sich von seiner Mutter verabschiedet habe, bevor er sich taufen ließ (Exerzitienbuch Nr. 273), und wenn die Heilige Schrift nur erwähnt, »er wuchs heran, seine Weisheit nahm zu und er fand Gefallen bei Gott und bei den Menschen« (Lk 2,52), so ist auch dies genügend an »Froher Botschaft« aus den unauffälligen Jahren und des steten Wachstums in den Willen des Vaters hinein. Die Unauffälligkeit dieser Jahre im Leben Jesu kann auch uns helfen, uns in der Unauffälligkeit so mancher unserer Jahre im Plan Gottes aufgehoben zu wissen, aufgehoben zu fühlen.[11] Nach den Kindheitserzählungen und der Tempelgeschichte vom jungen Jesus gibt es über den berufstätigen Jesus nur die Nachricht, er werde genannt und sei der »Sohn des Zimmermanns«. Dies legt nahe, dass auch er dieses Handwerk ausgeübt hat; vielleicht auch in der nahe gelegenen Großbaustelle seiner Zeit, der Stadt Sephoris, die Herodes ausbauen ließ. Pater Peter Hans Kolvenbach, der frühere Generalobere der Gesellschaft Jesu, fasst die Summe bekannter historischer Details zusammen, wenn er feststellt: »Auf alle Fälle sind die Fakten zu den ›dreißig Jahren verborgenen Lebens‹ spärlich, und zu Beginn (d.h. der biblischen Berichte) zusammenhanglos. Es gibt einen klaren Bruch zwischen dem frühen Jesus und dem Jesus in seiner Sendung.«[12]

An späterer Stelle sagt Pater Kolvenbach – und diese Bemerkung ist weit mehr als eine nur rhetorisch schöne Formulierung: »Die Frage ist, ob man die Erkenntnis des wahren Lebens erlangen kann, das der oberste und wahre Hauptmann zeigt (Exerzitienbuch 139), ohne die Geschichte der Kindheit Jesu zu meditieren.«[13] Für den Autor der Exerzitien wie auch für uns »beginnt kein Leben erst mit dreißig Jahren. Ignatius folgt einfach der vollständigen Reihe der Mysterien Christi in den 181 Kapiteln, die Ludolf von Sachsen 1350 für das Leben Jesu Christi zusammengestellt hatte«[14]. Nennen wir die uns unbekannt gebliebenen Ereignisse der Kindheit Jesu und des Kindes Jesus einmal schlicht die *»unauffälligen Jahre«*. Aber gerade deswegen, weil diese Jahre in ihren Abläufen so unbekannt geblieben sind, sind sie dennoch nicht unwichtig. Das Gegenteil ist wahr. Weil diese Jahre in der Öffentlichkeit weitgehend verborgen gebliebenes Leben bezeichnen, sind alle, die dieses Leben meditieren, eingeladen, betend zu entdecken, was das *»Zunehmen«* an Weisheit und Gnade des Kindes Jesus meint. Die unauffälligen Jahre eines Lebens sind oft die wichtigsten Jahre. Man mag ein Bildwort von Friedrich Nietzsche heranziehen, der einmal sagt, wer einst den Blitz zu zünden habe, müsse lange Wolke sein. Auch durch die verborgenen Jahre hat Jesus, der schon von Anfang an der Christus ist, die Menschen erlöst.

X. »Wenn ihr nicht werdet wie die Kinder ...« – Ohnmacht und Vollmacht Jesu, des erwachsenen Kindes

»Wer das Reich Gottes nicht so annimmt wie ein Kind, der wird nicht hineinkommen« (Mk 10,15). Der Evangelist Markus fährt dann fort: »Und er nahm die Kinder in seine Arme; dann legte er ihnen die Hände auf und segnete sie« (Mk 10,16). In zwei Sätzen ein starkes, gebieterisches Wort und zeitgleich eine schlichte, zärtliche Geste. Beides findet sich im Leben Jesu: Stärke und Schwäche, Ohnmacht und Vollmacht. Er rede wie einer mit Vollmacht, nicht wie die Schriftgelehrten und Pharisäer, sagen die Leute.

Selig die gewaltfreien Menschen

Jesus bringt in seiner Verkündigung das Ankommen des Reiches Gottes mit der Haltung des Kind-Seins in einen unmittelbaren Zusammenhang: Das eine setzt das andere voraus bzw. ist die geistliche Folge davon. »Ein Kind ist in der ganzen Bibel Bild für den schutzlosen Menschen, der weder auf Einfluss noch auf Erfahrung verweisen kann. Solch ein Kind ist Maßstab für das Reich Gottes, weil es unmittelbar zu Gott steht, so wie Gott unmittelbar zu dem Kindlichen steht, deren Position nicht durch menschliche Größe und Leistung abgesichert ist.«[15] Wenn Jesus in der Heiligen Schrift immer wieder auf diesen Zusammenhang zu sprechen kommt (so z.B. in Mk 9,33–37; Lk 9,46–48; Lk 18,15–17), dann kann darin deutlich werden, wie wenig selbstverständlich diese innere Beziehung nicht nur für die Menschen von damals war. Anlass für die Weisung Jesu war häufig das »Karriere-Denken«, die Unterdrückungspolitik der »Herrscher dieser Welt« und auch die Rangeleien seiner Jünger, welchen von ihnen die ersten Plätze im Reich Gottes zukommen würden. »Unter euch soll es nicht so sein!« Mit diesem einen Satz bringt Jesus seine Sicht der Jüngergemeinschaft und die Weise der Verbreitung seiner Botschaft auf den Punkt. Innere und äußere Gewalttätigkeit sind nicht sein Weg: »Selig, die keine Gewalt anwenden, denn sie werden das Land erben« (Mt 5,5). Ebenso wenig sind bloß äußeres Ansehen und Imagekampagnen eine entscheidende Größe für die Verkündigung in seinem Geist.

Jesus lebt selbst, was er verkündet, und er verkündet nur das, was er lebt. Er kommt als Kind, als Wesen, dem keine Macht gegeben ist. Und doch oder gerade deswegen verkündet er das mit ihm angebrochene Reich der Himmel in seiner weltweiten, machtvollen Dimension: »Mir ist alle Macht gegeben im Himmel und auf der Erde« (Mt 28,18). In unserer oft so machtbesessenen Welt will und kann das Jesus-Kind aufmerksam machen auf die Machtlosigkeit aller Kinder. Ob und wie wir deren verborgene Macht wahrnehmen und zum Zug kommen lassen, das ist die Frage. Ob es den Text und die tiefe und zarte Melodie des Liedes in uns weckt: »Ich bete an die Macht der Liebe, die sich in Jesus offenbart …« – das kann nur unser Leben zeigen.

Wenn ich einmal groß bin …

Kinder werden und wachsen. Nicht zufällig beginnen sie oft, wenn sie von sich und ihren späteren Plänen er-

zählen wollen, häufig mit den Worten: »Wenn ich einmal groß bin, dann werde ich …« Sie strecken sich aus auf das, was für sie noch kommen kann oder kommen soll. Dabei wird immer wieder deutlich, wie sehr Kinder Lernende sind. Sie bleiben auch Lernende, unfertig und lernhungrig ihr ganzes Leben lang. Auch Jesus war als Kind unfertig, lernhungrig: »Und er nahm zu an Alter und Weisheit vor Gott und den Menschen.«
So muss er wohl auch immer neu und jeweils tiefer die Nähe des Vaters im Himmel erfahren haben. »Abba, lieber Vater«, so betet er. »Abba«, das ist Äußerung und Stammeln in großer Liebe, vertrauensvoll, kindlich, in ungemein herzlicher Offenheit. Das biblische Wort ist schwer zu übersetzen. Es klingt in der Abba-Anrede die Tonfarbe von Zärtlichkeit mit; sie kann – zumal in der deutschen Sprache und Mentalität – leicht ins Kitschige abrutschen. Aber es ist immer eine ehrfürchtige Nähe gemeint, die auch Ignatius in seinen Exerzitien anspricht, besonders dort, wo deutlich wird, dass es eine vertrauensvolle Gewissheit gibt, die »weiß«, dass sie in allem von der Liebe des Vaters getragen ist, dass sie nichts zu befürchten braucht. »Sprechen wie ein Freund mit einem Freund«, so heißt es bei der Betrachtung der in Christus »gekreuzigten« Liebe Gottes. Und eine der ganz großen seelischen Erlebnisse und Gnaden lässt den 53-jährigen Ignatius davon sprechen, dass er zu Gott, zum Kosmos, zu allen Wesen eine »ehrfürchtige Liebe« und »liebevolle Ehrfurcht« empfinde.
Vor dem Vater ist der Sohn immer »der geliebte Sohn«, vom Vater von dessen ganzer Liebe umfangen. Dieses »Kind- und Sohn-Bewusstsein« ist im Leben Jesu immer gegenwärtig. Es bleibt trotz aller Belastungen ungeschmälert – *und es kann doch wachsen.* In dieser geist-

lichen Gewissheit kann Jesus zu den Menschen, die seine Verkündigung vom »angebrochenen Gottesreich« hören, immer wieder sagen: »Lernt von mir!«

Jesus war und blieb bis ans Ende seines irdischen Lebens selbst ein mühsam Lernender: »Obwohl er der Sohn war, hat er durch Leiden den Gehorsam gelernt ...« (Hebr 5,8). Das heißt doch, dass sein Leben in wachsendem Maße auch ein Durchleiden war. In seinem Ringen am Ölberg wird dies besonders offenbar: »Lass diesen Kelch an mir vorübergehen, aber nicht mein Wille geschehe, sondern der Deine.« Auch im Leiden bleibt Jesus der »gehorsame Sohn«, der, der sich in allem vom Vater gehalten weiß. Auch als Erwachsener bleibt er »Kind des Vaters«. Das Himmelreich besteht so in anbetendem Gehorsam. Es ist eine Gehorsams-Wirklichkeit gemeint, die im »Untertan-Sein« von Nazareth den irdischen Eltern gegenüber ein erstes Mal aufleuchtete und deutlich begann. Sie endete am Kreuz mit dem Gebetswort »Vater, in deine Hände empfehle ich meinen Geist« (Lk 23,46).

»Das Kind, das wir einmal waren, ist immer in uns«, vor allem in seiner Machtlosigkeit. Vielleicht ist es etwas entscheidend Wichtiges, bis zum letzten Moment dem Kind treu zu bleiben, das man einst war, statt es zu unterdrücken um den Preis einer eingebildeten Erwachsenheit. Das Kind-Sein ist eine geistige Haltung, die jedes Menschenalter betrifft.[16] Die Botschaft Jesu vom geistlichen Kind-Sein und von der damit verknüpften Erlangung des Himmelreiches ist keine Botschaft, die sich in Worten erschöpft. Jesus selbst hat diese Botschaft des Kind-Seins in allen menschlichen Beziehungen und für alle Menschen vorgelebt.

Ob Jesus auch »charmant« war, begabt mit dem fast unwiderstehlichen Charme des Kindes? Wenn man auf die Bedeutungen von »Charme« im Wörterbuch schaut, könnte es sein. Im Französischen weckt das Wort »Charme« eher Assoziationen an Vorgänge wie Gesang, Lied, Gedicht, Zauber als an Zustände. Vor diesem Hintergrund dürfen wir uns auch Jesus – wie kleine Kinder überhaupt – als anmutig, liebenswürdig, bezaubernd vorstellen. Die Weisheit – auch sie wird mit Jesus in Verbindung gebracht – spielt auf dem Erdkreis vor Gott. So gesehen könnte man verstehen, warum eine Frau ausrief: »Selig die Frau, deren Leib dich getragen und die Brust, die dich genährt hat!« (Lk 11,27). Ob seine Antwort als charmant empfunden wurde: »Selig sind vielmehr die, die das Wort Gottes hören und es befolgen« (Lk 11,28)? War die Ruferin enttäuscht oder doch beseligt, weil dann auch sie, die nicht Jesu leibliche Mutter war, zutiefst beseligt sein konnte; und mit ihr alle, die im Liebeswillen Gottes leben?

XI. Wie geschrieben steht …

Schriftstellen vom Kind-Sein

An Hunderten von Stellen in der Bibel, also des Alten und Neuen Testamentes, ist vom Kind-Sein die Rede. Die Heilige Schrift bedeutet Christen Gottes Wort. Demjenigen, der sie mit offenen Augen und mit wachem Herzen anfängt zu lesen, wird sie sich in ihrer Tiefe mehr und mehr erschließen.
Hier nur einige wichtige Beispiele und Schriftstellen, die zum Nachdenken anregen können:

Gen 3,16

»Mit Schmerzen sollst du Kinder gebären.«
Alle Mütter haben Geburtsschmerzen erlitten, als sie ihre Kinder bekamen.
Auch meine Mutter. Alle Kinder betreten durch die Pforte von Schmerz und Enge die Welt und das Leben.

Gen 15,3

»Mir, Abram, hast du ja keine Kinder gegeben.«
In allen Hochkulturen sind Kinder als Segen gesehen worden, der dankbar entgegengenommen wurde. Keine Kinder zu haben macht arm. Gibt es für Menschen ein größeres Zeichen von Leben, Kostbarkeit und Hoffnung als ein Kind?

Jos 4,21–22

»Wenn eure Söhne morgen ihre Väter fragen: ›Was bedeuten diese Steine?‹, dann sollt ihr sie belehren: ›Hier hat Israel trockenen Fußes den Jordan durchschritten‹.«
Die Weitergabe des geschichtlichen und geistlichen Weges erfordert immer wieder neu die Mitteilung der gemachten Erfahrung.

2 Chr 20,13–14

»Während ganz Juda mit Kindern, Frauen und Söhnen vor dem Herrn stand, kam mitten in der Versammlung der Geist des Herrn über Israel …«
Immer wieder und an den verschiedensten Orten pflegt Gott, der Herr, sich mitzuteilen.

Ps 8,3

»Aus dem Munde der Kinder und Säuglinge schaffst du dir Lob.«
Auch die Kleinen und Unbegabten können Gott loben. In gewissem Sinn sind sie in ihrer Existenz Lobpreis. Sie sind Schöpfungsdank zum Wohlgefallen Gottes.

Jes 9,5

»Denn uns ist ein Kind geboren, ein Sohn ist uns geschenkt. Die Herrschaft ruht auf seiner Schulter.«
Das Königskind kommt als schwaches Kind in unsere Welt. Größere Gegensätze lassen sich nicht denken. Propheten wussten um das Geheimnis unserer Erlösung. Es hat einen tiefen Sinn, dass die Herrschaft auf den Schultern eines Kindes ruht.

Jes 43,5–7

»Fürchte dich nicht, denn ich bin mit dir. Vom Osten bringe ich deine Kinder herbei, vom Westen her sammle ich euch …«
Alle, die zum Volk Gottes gehören, die unter die Völker zerstreut sind oder heimatlos, gehören zu den Kindern Gottes und zur einen Menschheitsfamilie.

Ps 34,12

»Kommt her, ihr Kinder, hört mir zu! Ich will euch in der Furcht des Herrn unterweisen.«
Es gibt Worte und Wirklichkeiten, die für unser Leben unverzichtbar wichtig sind. Aber sie sind trotzdem kein Zwang, sondern bleiben Einladung.

Ps 78,5–6

»Er stellte sein Gesetz auf in Jakob, gab in Israel Weisung und gebot unseren Vätern, ihre Kinder das alles zu lehren, damit das kommende Geschlecht davon erfahre, die Kinder späterer Zeiten; sie sollen aufstehen und es weitergeben an ihre Kinder.«
Die Geschichte als Mahnung und Weisung! Aber die Menschen sind vergesslich. Die Worte des Psalmisten sollen aber auch in 1000 Jahren noch gehört werden.

Tob 3,15

»Ich bin die einzige Tochter meines Vaters; er hat kein anderes Kind, das ihn beerben könnte.«
Die Klage im Gebet der Sara, der einzigen Tochter des reichen Raguël, wird von Gott erhört. Gott erhört al-

le Gebete – freilich nicht selten anders, als wir meinen, dass Gott sie erhören müsste.

Tob 4,21

»Hab also keine Angst, mein Sohn, weil wir verarmt sind. Du hast ein großes Vermögen, wenn du nur Gott fürchtest, alle Sünde meidest und das tust, was ihm gefällt.«
Wie gut ist es, in einem angstfreien Glauben die Führung Gottes zu suchen! Er weiß, dass wir seine Kinder sind. So ist unser Glaube an ihn zunächst und vor allem Geschenk, doch dann auch Ermutigung.

Sir 25,7

»Glücklich, wer sich an seinen Kindern freuen darf.«
In der Heiligen Schrift ist immer auch das soziale Miteinander betont, besonders dort, wo von einem beglückenden Eheleben die Rede ist: dem Glück mit dem Partner und der Freude an den gemeinsamen Kindern.

Mt 3,9

»Meint nicht, ihr könntet sagen: Wir haben ja Abraham zum Vater. Denn ich sage euch: Gott vermag dem Abraham aus diesen Steinen Kinder zu erwecken.«
Nicht die biologischen Regeln und Gesetzmäßigkeiten sind der eigentliche Grund für unser Leben und Dasein vor dem allmächtigen Gott, sondern sein Erbarmen, seine Macht und seine Güte.

Mt 7,11

»Wenn nun schon ihr, die ihr böse seid, euren Kindern gebt, was gut ist, wie viel mehr wird euer Vater im Himmel denen Gutes geben, die ihn darum bitten.«
›Geben, was gut ist‹, kann nur, wer in seinem Innersten selbst gut ist. Ein Kind besitzt von Anfang an die Fähigkeit, zu glauben und zu vertrauen, dass sein Bitten nicht umsonst sein wird. Es lebt von diesem Vertrauen. An das Gute zu glauben, obwohl es auch viel Böses gibt, das allein kann die Welt verändern.

Mt 11,16ff

»Diese Generation gleicht Kindern, die auf dem Marktplatz sitzen und anderen Kindern zurufen: Wir haben für euch auf der Flöte gespielt und ihr habt nicht getanzt ...«
In den Psalmen singen und spielen Menschen vor dem unendlichen Gott (Ps 27,6; 62,5; 98,5; 104,33 – und viele andere biblische Stellen). Sie spielen, weil Gott groß ist und weil sie vor ihm wie Kinder sein dürfen. Umso bestürzender, dass Jesus ausgerechnet eine Gruppe von Kindern als Beispiel nimmt, die zum Spiel einlädt und mit diesem Wunsch nicht ankommt. »So macht ihr es mit Gott; so geht es mir!«, sagt er damit. Freilich bleibt dann noch ein göttliches »Dennoch«: »Und doch hat die Weisheit durch die Taten, die sie bewirkt hat, recht bekommen« (Mt 11,19).

Mt 15,26

»Es ist nicht recht, das Brot den Kindern wegzunehmen und den Hunden vorzuwerfen.«
Menschen und auch Tiere bedürfen immer wieder der Nahrung. Wir sollen auch den Tieren geben, was sie brauchen! Aber Kinder hungern zu lassen, obwohl es weltweit genügend Möglichkeiten gäbe, den Hunger zu stillen, ist ein Vergehen gegen den Plan des Schöpfers.

Mt 19,13ff

»Da brachte man Kinder zu ihm, damit er ihnen die Hände auflegte und für sie betete. Die Jünger aber wiesen die Leute schroff ab. Doch Jesus sagte: Lasst die Kinder zu mir kommen, hindert sie nicht daran! Denn Menschen wie ihnen gehört das Himmelreich. Dann legte er ihnen die Hände auf und zog weiter.«
›Lasst die Kinder zu mir kommen; hindert sie nicht daran!‹ Einladung und Zurückweisung – sie stehen nicht nur in der Jüngergemeinde damals, sie stehen auch heute oft genug einander schroff gegenüber.
Die Beheimatung bei Gott – ›ihnen gehört das Himmelreich‹ – setzt auch bei uns eine Kindwerdung voraus. Diese Kindwerdung wird uns zwar geschenkt, sucht aber ein offenes Herz und offene Hände.

Mk 5,41

»Er fasste das Kind an der Hand und sagte zu ihm ›Talita kum!‹, das heißt übersetzt: Mädchen, ich sage dir, steh auf!«
Aufstehen hat etwas zu tun mit ›auferstehen‹. Jesus nimmt *viele* Menschen, er nimmt auch *uns* an die Hand, fordert uns auf und bittet uns: ›Steh auf!‹

Wie viele ›Auferstehungen‹ habe *ich* schon erlebt? Möchte ich auch morgen und in Zukunft ein angefasster und auferstandener Mensch sein?

Mk 14,36

»Abba, lieber Vater, alles ist dir möglich.«
Wie in einem Brennspiegel ist in diesem Wort Jesu das ganze Vertrauen seinem himmlischen Vater gegenüber eingefangen: Dank und Hingabe, ›Erinnerung‹ über seine Herkunft und Zuversicht in all seine Zukunft. Vor diesem Vater darf man wie ein Kind sein, ein Kind, das sich in allem beschenkt weiß – von seinem (Jesu) Vater und unserem Vater. Ja, er ist auch ›unser Vater‹!

Lk 1,44

»... als ich deinen Gruß hörte, hüpfte das Kind vor Freude in meinem Leib.«
Maria und Elisabet, zwei enge Verwandte, beide sind schwanger, beide erfüllt mit Leben. Die Freude über ihre noch ungeborenen Kinder weckt die erste Seligpreisung: ›Selig bist du, weil du geglaubt hast.‹
Dürfen wir nicht jeden, der glauben kann und glauben will, seligpreisen?

Lk 15,31

»Der Vater antwortete: Mein Kind, du bist immer bei mir, und alles, was mein ist, ist auch dein.«
Dies Wort des Vaters ist ›Selbstmitteilung‹ eines gütigen Gottes. Gott gibt nicht etwas, sondern sich selbst: Er teilt *sich* mit. Immer bei ihm sein zu dürfen ist Ge-

schenk, zuvorkommende Gnade, geistliche Gewissheit und Leben in Fülle.

Joh 4,49

»Herr, komm herab, ehe mein Kind stirbt.«
›Gläubig sein‹ bedeutet in der Begegnung mit Jesus immer auch ›gläubig werden‹. Der königliche Beamte lernt zu glauben, *auch* durch sein krankes Kind. Habe ich schon einmal erfahren, wie sehr kranke Menschen meinen Glauben an die Barmherzigkeit Gottes provozieren können? Verändern und beglückend machen können?

Joh 21,5

»Meine Kinder, habt ihr etwas zu essen? Sie antworteten ihm: nein.«
Hunger zu haben kann Menschen zum Betteln und zum Verstummen bringen; es kann auch zur Resignation führen. Jesus ist gekommen, damit wir das Leben haben und ›es in Fülle haben‹.

Röm 8,14–17

»Denn alle, die sich vom Geist Gottes leiten lassen, sind Söhne Gottes … ihr habt den Geist empfangen, der euch zu Söhnen macht, den Geist, in dem wir rufen: Abba, Vater. So bezeugt der Geist selber unserem Geist, dass wir Kinder Gottes sind. Sind wir aber Kinder, dann auch Erben; wir sind Erben Gottes und Miterben Christi …«
Diese Worte drücken die spirituelle Bewusstseinserweiterung, ja das neue Selbstbewusstsein aus, welches Jesus gebracht hat: Wir sind Söhne und Töchter Got-

tes. Dies kennzeichnet unsere Existenz. Und weil wir alle Kinder Gottes sind, sind wir untereinander Brüder und Schwestern.

1 Kor 4,14

»Nicht um euch bloßzustellen, schreibe ich das, sondern um euch als meine geliebten Kinder zu ermahnen.«
Die Sorge, von den Empfängern des Briefes vielleicht missverstanden zu werden, motiviert den Apostel, nach der Aufzählung all der Arbeiten, die durch ihn geschehen sind, seinen Korinthern zu versichern, wie sehr er um ihr geistliches Wohl besorgt ist: wie ein Vater seinen Kindern gegenüber.

1 Kor 13,11

»Als ich ein Kind war, redete ich wie ein Kind, dachte wie ein Kind und urteilte wie ein Kind. Als ich ein Mann wurde, legte ich ab, was Kind an mir war.«
Der ganze Hymnus – das sogenannte Hohelied der Liebe – schildert uns die höchste Fähigkeit des Menschen: Er ist immer einer, der aus kindlichen Anfängen lernt, bis zu welcher Erfüllung er in seiner Gottähnlichkeit gelangen kann.

1 Kor 14,20

»Seid doch nicht Kinder an Einsicht, Brüder! Seid Unmündige an Bosheit, an Einsicht aber seid reife Menschen!«
Der Apostel spricht zu reifen, zu erwachsen gewordenen Menschen. Er setzt voraus und erinnert sie daran,

dass sie durchaus zwischen Gut und Böse unterscheiden können.

2 Kor 6,13

»Lasst doch als Antwort darauf – ich rede wie zu meinen Kindern – auch euer Herz weit aufgehen!«
Manchmal darf man auch sein eigenes Verhalten als vorbildhaft für Menschen empfehlen, die auf uns schauen und von uns abhängen. Das ist dann nicht eitles Selbstlob, sondern eher Mut zur Wahrhaftigkeit – Mut zu einem weiten Herzen.

Eph 5,1–2

»Ahmt Gott nach als seine geliebten Kinder, und liebt einander, weil auch Christus uns geliebt und sich für uns hingegeben hat als Gabe und als Opfer, das Gott gefällt.«
Christus hat uns *zuerst* geliebt. Deshalb also, weil wir selbst Geliebte *sind*, können auch wir zu Liebenden *werden*. Wir sind in Wahrheit die »geliebten Kinder« des unendlichen Gottes. »Nachahmer Gottes« – was für ein Wort!

Eph 5,8

»Jetzt seid ihr durch den Herrn Licht geworden. Lebt als Kinder des Lichts.«
In der Dunkelheit kann Leben nicht gedeihen und wachsen. Wir haben nicht nur Lichter, wir sind selbst Licht – Licht für andere. Die »Kinder des Lichtes«, die in der Taufe Licht für die Welt geworden sind, sollen dieses Licht nicht bloß für sich behalten wollen, sondern es den anderen weitergeben.

1 Thess 2,7–8.11–12

»Wie eine Mutter für ihre Kinder sorgt, so waren wir euch zugetan … Ihr wisst auch, dass wir, wie ein Vater seine Kinder, jeden Einzelnen von euch ermahnt, ermutigt und beschworen haben zu leben, wie es Gottes würdig ist …«
»Wie eine Mutter für ihre Kinder sorgt …« – »Wie ein Vater seine Kinder ermahnt, ermutigt, beschwört …«. Der apostolische Dienst setzt ungeahnte, vielseitige Kräfte frei: väterliche und mütterliche – männliche und frauliche. Die Gemeinde sieht das und erfährt die Liebe, die den Apostel »drängt«, nicht nur seine Zeit zu geben, sondern sich selbst.

Hebr 5,13

»Jeder, der noch mit Milch genährt wird, ist unfähig, richtiges Reden zu verstehen, er ist ja ein unmündiges Kind …«
Eigentlich müssten die Empfänger des Briefes an die Hebräer schon längst über die Anfangserfahrungen im Umgang mit dem Wort Gottes hinaus sein. Aber viele verhalten sich immer noch wie »Milchkinder« im Glauben, d.h., sie sind nach wie vor Unmündige. – Gilt das nicht auch für viele von uns?

1 Joh 2,1

»Meine Kinder, ich schreibe euch dies, damit ihr nicht sündigt.«
Die Verkündigung der Frohbotschaft wächst langsam und allmählich, aber auch unter den Neubekehrten scheint es »Naive« gegeben zu haben, solche, die meinten, mit der empfangenen Taufe wachse alles automa-

tisch, ohne Mühe, ohne Anstrengung, ohne die innere Umkehr und Wandlung.

1 Joh 2,18

»Meine Kinder, es ist die letzte Stunde. Ihr habt gehört, dass der Antichrist kommt …«
Der Verfasser des 1. Johannesbriefes spricht von der entscheidenden Zeit vor dem Ende, die jetzt begonnen hat. Zweifellos rechnet er mit dem einen und endgültigen Kommen Jesu, das seiner Meinung nach unmittelbar bevorsteht. »Meine Kindlein« nennt er sie zärtlich. Er will sie unbedingt vor den »Pseudo-Propheten«, die überall unterwegs sind, warnen.

1 Joh 3,1–2

»Seht, wie groß die Liebe ist, die der Vater uns geschenkt hat: Wir heißen Kinder Gottes und wir sind es … Liebe Brüder, jetzt sind wir Kinder Gottes. Aber was wir sein werden, ist noch nicht offenbar geworden. Wir wissen, dass wir ihm ähnlich sein werden, wenn er offenbar wird; denn wir werden ihn sehen, wie er ist. Jeder, der dies von ihm erhofft, heiligt sich, wie er heilig ist.«
Dass wir »Kinder Gottes« heißen und es in Wahrheit »auch sind«, ist eine der beglückendsten Wahrheiten, von der wir im Wort der Heiligen Schrift beschenkt sind. Der Apostel wird nicht müde, dies uns als Botschaft Gottes mitzuteilen. »Seht doch, seht«, so beginnt das 3. Kapitel dieser Betrachtung über die Liebe. Die Gotteskindschaft will nicht als bildhafter Vergleich unseres Lebens verstanden werden, sondern als Wirklichkeit, die alles bisher Erfahrene übersteigt.

Anmerkungen

[1] Albrecht Goes, Die Schritte. Aus: ders., Gedichte © S. Fischer Verlag GmbH, Frankfurt am Main 2008

[2] Ignatius von Loyola, Bericht des Pilgers (übersetzt und kommentiert von Peter Knauer, Frankfurt/Main 1999, S. 48/49,11

[3] Lutz Müller, Ignatius von Loyola begegnen, S. Ulrich Verlag, Augsburg 2004, S. 53

[4] Karl Rahner, »Betrachtungen zum ignatianischen Exerzitienbuch«, Kösel Verlag, München 1965, S. 140

[5] Lk 1,14

[6] Peter Hans Kolvenbach, a. a. Orten (»Verbergt nicht …«) GuL 2004, S. 413

[7] Peter Hans Kolvenbach, a. a. Orten, GuL 2004, S. 417

[8] Heinrich Schlier, Besinnung auf das Neue Testament, Herder Verlag, Freiburg 1964, S. 140

[9] Te Deum, Das Stundengebet im Alltag, Kath. Bibelwerk und Abtei Maria Laach, Februar 2012, 26.27

[10] Peter Hans Kolvenbach, »Verbergt nicht das verborgene Leben Jesu«, in GuL 2004, S. 413

[11] Hans Urs von Balthasar, Ignatius von Loyola, Die Exerzitien, Einsiedeln 1965, Nr. 271

[12] Peter Hans Kolvenbach, GuL 2004, Seite 410

[13] Peter Hans Kolvenbach, ebd. S. 410

[14] Peter Hans Kolvenbach, ebd. S. 411

[15] »Te Deum«, Stundenbuch im Alltag, Verlag Katholisches Bibelwerk und Abtei Maria Laach, Febr. 2012, S. 214

[16] zitiert nach »Te Deum«, Stundenbuch im Alltag, Verlag Katholisches Bibelwerk und Abtei Maria Laach, Sept. 2012, S. 238

In der Reihe **Ignatianische Impulse** sind bisher u.a. erschienen:

Band 1: Willi Lambert, **Das siebenfache Ja**
Band 2: Stefan Kiechle, **Sich entscheiden**
Band 3: Piet van Breemen, **Alt werden als geistlicher Weg**
Band 4: Heiner Geißler, **Glaube und Gerechtigkeit**
Band 5: C. u. O. Leidner, **Weil ich mit dir wachsen möchte**
Band 6: Klaus Mertes, **Verantwortung lernen**
Band 10: Claudia Bausewein, **Sterbende begleiten**
Band 11: Willi Lambert, **Wovon die Liebe lebt**
Band 12: Eckhard Frick, **Sich heilen lassen**
Band 13: Stefan Kiechle, **Macht ausüben**
Band 14: Franz Jalics, **Der kontemplative Weg**
Band 15: Ignatius von Loyola, **In allem – Gott**
Band 23: Josef Maureder, **Mensch werden – erfüllt leben**
Band 25: Jon Sobrino, **Der Preis der Gerechtigkeit**
Band 32: Hermann Kügler, **Versuchungen widerstehen?**
Band 36: E. Frick/M. Fühles, **Schöpferisch im Spiel vor Gott**
Band 38: Hermann Kügler, **Scheitern**
Band 39: Klaus Mertes, **Widerspruch aus Loyalität**
Band 40: Ursula Dirmeier, **Nicht Furcht, sondern Liebe**
Band 47: Stefan Kiechle, **Warum leiden?**
Band 48: Anton Aigner, **Die Kunst des Leitens**
Band 49: Gundikar Hock (Hg.), **Freude im Herrn**
Band 50: Willi Lambert (Hg.), **Von Ignatius inspiriert**
Band 51: Christian Herwartz, **Brennende Gegenwart**
Band 52: Alex Lefrank, **In der Welt – nicht von der Welt**
Band 53: Hildegard Aepli, **Single – und wie?!**
Band 54: Hans-Dieter Mutschler, **Gemeinsam mehr von der Welt wissen**
Band 55: Alfons Höfer, **Meine Worte suchen dich**
Band 56: Hermann Kügler, **Streiten lernen**
Band 57: Cordula und Ottmar Leidner, **Ein hörendes Herz**
Band 58: Hans Schaller, **Wachsen im Gebet**
Band 59: Vitus Seibel, **Architektur einer Gemeinschaft.** Impulse aus den Satzungen der Jesuiten
Band 60: Ursula Dirmeier, **Das Bessere zuerst.** Mary Ward und der Exerzitienweg
Band 61: Alfons Klein, **Dem Ungeist widerstehen**
Band 62: Thomas Philipp, **Gott in mir**
Band 63: Josef Bill, **Und er stellte ein Kind in die Mitte**

Weitere Informationen zu allen Bänden der Reihe finden Sie unter www.echter-verlag.de